KB194642

아빠 자서전

아빠 자서전

초판 1쇄 발행 2025년 5월 8일

지은이 부키 편집부 | 발행인 박윤우 | 편집 김송은 김유진 박영서 백은영 성한경 장미숙 | 마케팅 박서연 정미진 정시원 함석영 | 디자인 박아형 이세연 | 경영지원 이지영 주진호 | 발행처 부키(주) | 출판신고 2012년 9월 27일 | 주소 서울시 마포구 양화로 125 경남관광빌딩 7층 | 전화 02-325-0846 | 팩스 02-325-0841 | 이메일 webmaster@bookie.co.kr | ISBN 979-11-93528-67-9 13190

만든 사람들
편집 박서연 박영서 | 디자인 이세연

아빠 자서전

100가지 질문에 답하며 완성하는

아빠 _____의 이야기

아빠가 된다는 건, 생각보다 다층적인 여정입니다. 아이의 탄생과 함께 시작된 이 여정은 매일같이 낯선 질문들, 새로운 감정들, 그리고 예기치 못한 순간들로 채워집니다. 그저 아이를 사랑하는 마음만으로는 설명할 수 없는 수많은 생각과 물음이 교차합니다.

이 책은 그런 복잡하고 섬세한 여정의 든든한 길잡이입니다. 그저 아이에게 '좋은 아빠'로 보이기보다, 아이와 함께 자라는 '진짜 아빠'가 되기 위해 이 책을 펼치게 됩니다. 그리고 곧 깨닫습니다. 이 책은 나의 삶을 아이에게 들려주는 책인 동시에, 아이의 시선으로 나를 다시 바라보게 해주는 책이라는 것을요.

아이들은 어른들이 상상하지 못한 방식으로 질문을 던집니다. "아빠는 어떤 아이였어?" "처음 나를 봤을 때 기분이 어땠어?" "힘들 땐 어떻게 견뎠어?" 이런 질문들은 그저 호기

심에서 비롯된 것이 아닙니다. 그 안에는 아빠를 이해하고, 아빠와 더 가까워지고 싶은 순수한 마음이 담겨 있습니다.

수많은 질문 앞에서 다시금 고민하게 됩니다. 어떤 기억은 말로 꺼내기엔 너무 아리고, 어떤 감정은 아이에게 어떻게 설명해야 할지 조심스러울 때도 있습니다. 그럼에도 불구하고 솔직하게 써 내려갑니다. 완벽한 대답이 아니더라도, 진심이 닿기를 바라는 마음으로. "나는 이런 사람이었어" "이때 참 두려웠어" "아빠도 잘 몰랐어" 이런 고백들이 쌓여, 아이에게 전하고 싶은 진짜 이야기가 됩니다.

그 과정을 거치며 우리는 내 인생의 '작가'가 됩니다. 삶의 장면들을 다시 떠올리고, 의미를 되짚으며, 단어 하나 문장 하나에 마음을 담습니다. 누군가의 이야기가 아닌, 바로 나의 이야기를 쓰는 일. 그것은 곧 나 자신을 정리하고 돌아보는 시간이며, 아이에게 전할 유일무이한 선물을 손으로 빚어가는 경험입니다.

그리고 언젠가 이 책을 손에 쥐게 될 아이의 모습을 상상해 봅니다. 아빠가 살아온 시간을 오롯이 느낄 수 있는 이 한 권의 책은, 어떤 말보다 진하게 전해지는 사랑의 증거가 될 것입니다. 아이는 그 과정에서 '아빠는 나를 얼마나 사랑했는지'를 넘어, '아빠는 어떤 사람이었는지'를 깨닫게 될 것입니다.

그리고 아빠라는 이름이 단지 보호자가 아니라, 함께 시간과 감정을 공유하는 동반자였음을 느끼게 될 거라 믿습니다.

무엇보다 이 책은 '나는 어떤 아빠인가'라는 물음에 답하면서도, 동시에 '나는 어떤 사람인가'라는 더 근본적인 물음에 다가가게 합니다. 그 과정을 통해 아이에게 주고 싶은 가장 소중한 유산은 결국 진실된 마음과 서로에 대한 이해임을 깨닫게 합니다.

아이를 사랑하는 마음을 글로 남긴다는 것은 단순한 기록을 넘어서는 일입니다. 그것은 아이에게 주는 선물이자, 나 자신을 위한 반성과 위로이기도 합니다. 아빠라는 이름 아래 서로의 인생을 나누고 싶은 모든 이들에게, 이 책의 '작가가 되어 보시기를' 진심으로 추천드립니다.

오상진
방송인

아빠 자서전
사용법

이 책은 총 100개의 질문으로 구성되어 있습니다.

아빠의 어린 시절부터 청춘, 가족 이야기,
지금의 일상과 아빠가 꿈꾸는 미래까지.
질문을 따라가며, 아빠의 삶 전체가
자연스럽게 그려지도록 정리했어요.

책등에서 '쩍' 소리가 날 만큼 활짝 펼쳐 써도 괜찮아요.

손에 익고, 곁에 오래 둘 수 있도록
양장 제본으로 제작했습니다.

아빠 자서전은
이런 순간에 함께할 수 있어요

* 가족을 위한 선물로

특별한 날, 아빠가 직접 쓴 인생 이야기를 가족에게 전하세요.
다시 없을, 아주 소중한 선물이 될 거예요.

* 기억을 기록하는 도구로

점점 흐릿해지는 기억을 글로 남겨
스스로를 돌아보는 시간으로도 사용할 수 있어요.

* 가족 간 대화를 여는 계기로

자녀가 직접 질문을 하고, 이야기를 받아 적는 방식으로도
활용할 수 있어요. 가족과 대화를 나누는 그 시간 자체가,
오래도록 마음에 남을 순간이 될 거예요.

* 세상에 단 하나뿐인 자서전으로

글이 매끄럽지 않아도, 글씨가 예쁘지 않아도 괜찮아요.
아빠의 말투, 아빠의 손 글씨 그대로도 충분해요.

아빠 자서전을
시작하는 당신에게

* 이 책의 주인공은 '아빠'입니다.

그렇지만 아빠가 직접 펜을 들지 않아도 괜찮아요.

자녀가 아빠의 이야기를 곁에서 듣고,

그 기억을 정성스레 정리해 담아도 좋답니다.

가장 중요한 것은 누가 쓰느냐가 아니라,

어떤 마음이 담기느냐예요.

* 마음 가는 질문부터 산책하듯 떠나요.

질문의 순서를 꼭 지킬 필요는 없어요.

가장 먼저 떠오르는 기억부터, 자연스럽게 흘러나오는

이야기부터 시작해도 괜찮습니다.

이 책은 아빠의 삶을 따뜻하게 되새기는 여정이니까요.

* 빈칸이 있어도 괜찮아요.

모든 질문에 답하지 않아도 괜찮아요.

어떤 기억은 말로 꺼내기 어려울 수도 있습니다.

그런 건 마음속에 남겨 두어도 괜찮아요. 만약 추가하고 싶은

질문이 있다면 '우리만의 질문'란을 활용해 보세요.

* 사랑이 담긴 편지로 마무리해 보세요.

책의 마지막 페이지에는 자녀에게 전하고 싶은 마음을 담는

편지 페이지가 있어요. 평소 표현하지 못했던

고마움과 사랑을 꾹꾹 눌러 적어 보세요.

作成 예시

배움의 길은 쓰지만, 그 끝은 달콤하다.

———

◈ 아리스토텔레스

질문과 관련된 사진이나 그림이 있다면,
자유롭게 이 페이지를 꾸며 보세요.

Question 12

학창 시절에 부모님께
가장 많이 들었던 잔소리는 뭐예요?

○

질문에 대한 답을
자유롭게 써 보세요.

A.   할 일은 미리 하고 밤에는 자라.

어릴 때 너랑 똑같았어. 하루 종일 놀다가,

밤 늦게 숙제한다고 책상에 앉았지.

그때마다 아버지(너에겐 할아버지)는

'할 일은 미리 하고 밤에는 자라'며 불을 끄셨어.

그땐 잔소리라며 그냥 흘려들었는데,

그 말을 들었어야 했어. 그럼 고생을 덜 했을 텐데.

니가 과제한다고 늦게 잘 때마다

이런 것까지 부모를 닮는구나 싶더라.

작성 날짜를 써 주세요.

목차

✉ 사랑하는 ＿＿＿＿＿＿＿ 에게

아빠의 어린 시절 이야기

아빠의 첫 기억

1

집은 모든 여정의 시작점이다.

———

◇ T. S. 엘리엇

Question 1

아빠는 어디서 태어났어요?
어릴 때 살았던 집은 어땠나요?

◯

A.

아이들의 웃음만큼 전염성이 강한 것은 없다.

———

◇ 크리스 자미

어릴 때
가장 행복했던 기억은 뭐예요?

○

A.

놀이는 아이의 영혼을
가장 자유롭게 표현하는 수단이다.

⸺

◇ 프리드리히 프뢰벨

Question 3

누구와 뭘 하면서 노는 게
가장 즐거웠어요?

○

A.

우정은 기쁨을 두 배로 만들고 슬픔을 반으로 나누어,
행복을 증진시키고 고통을 덜어 준다.

———

◇ 마르쿠스 툴리우스 키케로

Question 4

친구들이 붙여 준 별명은 뭐였어요?
왜 그런 별명이 생겼나요?

○

A.

우리가 원하는 것을 얻지 못하는 것,
실은 우리에게 주어진 행운일 수 있다.

———

◇ 달라이 라마

갖고 싶었지만 부모님이
안 사 주신 물건이 있나요?
왜 그 물건이 가지고 싶었어요?

◯

A.

먹는 걸 좋아하는 사람치고 나쁜 사람은 없다.

————

◇ 줄리아 차일드

Question 6

어릴 때 좋아했던 음식은 뭐예요?
아빠도 편식하는 음식이 있었어요?

○

A.

즐거움이 있는 곳엔, 두려움이 없다.

———

◇ 윌 토마스

Question 7

어릴 때 취미는 뭐였어요?

○

A.

이 세상 어떤 꿈도,
용기 앞에선 실현 가능하다.

————

◇ 월트 디즈니

Question 8

어릴 때
장래 희망은 뭐였어요?

◯

A.

세상 모든 지혜는 경험으로부터 나온다.

———

◇ 줄리어스 시저

10대 때 있었던 일 중
가장 기억에 남는 사건은 뭐예요?

○

A.

음악은 모든 지혜와 철학을 넘어선 깊은 깨달음이다.

———

◇ 루트비히 판 베토벤

학창 시절에
가장 많이 들었던 노래는 뭐예요?

○

A.

오랜 친구가 주는 축복 중 하나는,
그들 앞에서 바보처럼 굴어도 괜찮다는 점이다.

———

◇ 랠프 월도 에머슨

Question 11

10대 때 가장 친했던 친구의 이름은 뭐예요?
아직도 연락해요? 그 친구와 있었던
가장 기억에 남는 일은 뭐예요?

○

A.

배움의 길은 쓰지만, 그 끝은 달콤하다.

———

◇ 아리스토텔레스

Question 12

학창 시절에 부모님께
가장 많이 들었던 잔소리는 뭐예요?

○

A.

내일 죽을 것처럼 살고,
영원히 살 것처럼 배워라.

———

◇ 마하트마 간디

Question 13

어떤 과목을 제일 좋아했어요?

왜 그 과목을 좋아했나요?

○

A.

지식에 투자하는 일만큼 확실한 이익은 없다.

_____

◇ 벤저민 프랭클린

Question 14

어떤 과목을 제일 싫어했어요?
왜 그 과목을 싫어했나요?

◯

A.

아빠의 청춘 이야기

가장 빛났던 순간들

2

청춘은 시행착오 그 자체다.

———

◇ 로버트 스티븐슨

Question 15

20대의 아빠는
어떤 사람이었어요?

○

A.

첫사랑은 언제나 완벽해 보인다,
두 번째 사랑을 만나기 전까진.

———

◇ 엘리자베스 애스턴

Question 16

아빠의 첫사랑은 언제였어요?
어떤 사람이었는지 기억해요?

○

A.

행복은 우리가 미처 열어 둔 줄도 몰랐던
문틈으로 찾아온다.

——————

◇ 존 배리모어

Question 17

20대 때
가장 행복했던 순간은 언제예요?

○

A.

좋아하는 일을 할 때,
비로소 삶은 풍요로워진다.

―――

◇ 웨인 다이어

Question 18

20대 때 취미는 뭐였어요?

◯

A.

새로운 목표를 세우고,
새로운 꿈을 꾸기에 늦은 나이란 없다.

———

◇ 레스 브라운

Question 19

20대 때 도전해 보고 싶었지만
못한 일이 있나요?

○

A.

때로 값비싼 대가를 치르게 하지만,
경험만큼 확실한 가르침도 없다.

———

◇ 토머스 칼라일

Question 20

아르바이트를 해 본 적이 있어요?
어떤 일이었나요?

○

A.

우리를 죽이지 않는 고통은
우리를 더 강하게 만든다.

———

◇ 프리드리히 니체

Question 21

군 생활 중
가장 힘들었던 에피소드가 있나요?

○

A.

내 안의 불빛이 꺼질 때,
누군가의 온기가 나를 다시 살린다.

———

◇ 알베르트 슈바이처

Question 22

군 생활에서 고마웠던 사람이 있나요?
그 사람과 어떤 추억이 있었어요?

○

A.

빛 속을 혼자 걷는 것보다,
어둠 속을 친구와 함께 걷는 편이 낫다.

———

◇ 헬렌 켈러

Question 23

성인이 되고 나서 사귄 친구가 있나요?
그 친구와 친해지게 된 계기는 뭐예요?

○

A.

시간이 지나면서 물건의 가치는 희미해지지만,
그 안에 담긴 기억은 더욱 선명해진다.

———

◇ 마거릿 리 런벡

Question 24

20대 때 가장 소중히 여겼던
물건은 뭐예요?

◯

A.

청춘은 인생의 한 시기가 아니라, 마음의 상태다.

――――

◇ 사무엘 울만

Question 25

20대로 돌아간다면
가장 먼저 하고 싶은 일이 뭐예요?

◯

A.

음악은 상처 입은 마음을 치유하는 약이다.

———

◇ 리 헌트

Question 26

20대 때
가장 많이 들었던 노래는 뭐예요?

○

A.

절대 후회하지 마라.
좋은 일이라면 축하하면 되고,
나쁜 일은 경험이 될 테니까.

———

◇ 빅토리아 홀트

Question 27

20대를 돌이켜 봤을 때
가장 후회되는 일이 뭐예요?

○

A.

왜 살아야 하는지를 아는 사람은
그 어떤 상황도 견딜 수 있다.

———

◇ 프리드리히 니체

Question 28

20대 때 가졌던
인생철학(좌우명)은 뭐예요?

○

A.

옷차림은 흐트러져도 괜찮지만,
마음만은 항상 정갈하게 지켜야 한다.

―――

◇ 마크 트웨인

Question 29

20대 때
어떤 스타일의 옷을 즐겨 입었어요?

◯

A.

아이들이 어른보다 덜 지적인 것은 아니다.
다만 경험이 부족할 뿐이다.

_____

◇ 존 버닝햄

Question 30

20대 때 부모님과 가치관이 달라
고민했던 적이 있나요?

○

A.

아빠와 엄마의 이야기

함께라서 더 행복했던 날들

3

사랑할 때야말로 우리는
가장 생생하게 살아 있음을 느낀다.

————

◇ 존 업다이크

엄마와 어떻게 처음 만났어요?
첫인상은 어땠어요?

○

A.

삶에서 가장 큰 행복은,
그럼에도 불구하고 사랑받고 있다는 확신이다.

———

◇ 빅토르 위고

Question 32

엄마와 연애했을 때,
가장 기억에 남는 장소는 어디예요?

○

A.

사랑받고 싶다면, 먼저 사랑하라.

———

◇ 루키우스 안나이우스 세네카

엄마가 준 선물 중
가장 기억에 남는 것은 뭐예요?

○

A.

서로를 용서하는 것이야말로
가장 아름다운 사랑의 모습이다.

─────

◇ 존 셰필드

Question 34

엄마와 다퉜을 때
어떻게 화해했어요?

○

A.

누군가에게 있는 그대로의 자신을 보여 주고,
그럼에도 불구하고 사랑받는 것은
기적에 가까운 인간적인 선물이다.

——

◇ 엘리자베스 길버트

엄마와
결혼을 결심한 계기가 있어요?

○

A.

사랑은 두 사람이 함께할 때,
모두가 이기는 게임이다.

———

◇ 에바 가보르

결혼 전과 후
가장 큰 차이점은 뭐예요?

◯

A.

사랑은 완벽한 사람을 찾는 게 아니라,
불완전한 사람을 있는 그대로 사랑하는 일이다.

————

◇ 샘 킨

Question 37

'결혼하길 잘 했다' 싶은 때는 언제인가요?

◯

A.

행복한 결혼 생활이란,
아무리 길어져도 늘 아쉬운 대화 같은 것이다.

———

◇ 앙드레 모루아

Question 38

가장 기억에 남는 신혼 시절
에피소드는 뭐예요?

○

A.

아기는 뱃속에서 9개월, 품 안에서 3개월,
가슴속에서 평생 함께하는 존재다.

———

◇ 메리 메이슨

Question 39

엄마가 나를 가졌단 걸 알게 되었을 때
어떤 기분이었어요?

○

A.

행복한 가정은 미리 누리는 천국이다.

———

◇ 존 보우링

Question 40

엄마와의 결혼 생활에서
가장 감사한 점은 뭔가요?

◯

A.

아빠와 나의 이야기

아빠가 된다는 것은…

아기의 가장 놀라운 점은,
희망을 꼭 안고 있다는 점이다.

———

◇ 리쉬 맥브라이드

Question 41

내 태몽이 있었어요?
누가 무슨 꿈을 꿨나요?

○

A.

이름보다 더 소중한 것은 없다.

———

◇ 탈무드

Question 42

내 이름은 누가 지었어요?
어떤 뜻이에요?

○

A.

아기가 허공을 보며 웃을 때,
어쩌면 천사를 보고 있는지도 모른다.

———

◇ 에일린 프리먼

Question 43

내가 태어났을 때
어떤 감정을 느꼈나요?

○

A.

당신이 느끼는 행복은
당신이 주는 사랑과 정비례한다.

———

◇ 오프라 윈프리

Question 44

내가 가장 예뻤던 순간은 언제예요?

○

A.

가장 큰 사랑은,
뒤늦게서야 그 무게를 알게 된다.

———

◇ 작자 미상

Question 45

나 때문에 울었던 적이 있나요?

○

A.

아기는 늘 생각했던 것보다 더 힘들고,

더 경이로운 존재다.

———

◇ 찰스 오스굿

Question 46

나를 키우면서
제일 힘들었던 순간은 언제예요?

○

A.

삶의 무게와 아픔을 덜어 주는 단 한마디,
그건 바로 사랑이다.

———

◇ 소포클레스

Question 47

'낳길 잘했다'
생각한 때는 언제예요?

◯

A.

아버지가 내게 준 가장 큰 선물은,

나를 믿어 준 마음이었다.

———

◇ 짐 발바노

Question 48

말은 안 했지만,
내 선택을 말리고 싶었던 적이 있나요?

○

A.

세상에서 부모가 되는 일보다
더 중요한 직업은 없다.

———

◇ 벤 카슨

Question 49

나의 장점 3가지를 꼽아 본다면
어떤 게 있나요?

○

A.

집은 있는 그대로의 나를 받아 주는 안식처다.

———

◇ 마야 안젤루

Question 50

나의 단점 중
고쳐 줬으면 하는 것은 뭔가요?

◯

A.

아버지는 언제나 의지할 수 있는,
변함없는 친구다.

———

◇ 에밀 가보리오

Question 51

어떨 때 나한테 서운함을 느끼나요?

◯

A.

자기 아이를 진정으로 아는 아버지야말로,

지혜로운 사람이다.

———

◇ 윌리엄 셰익스피어

Question 52

내가 아빠를 닮은 점과
닮지 않은 점은 뭐예요?

◯

A.

타인에게 줄 수 있는 가장 위대한 선물은

아무 조건 없는 사랑과

있는 그대로를 받아들이는 마음이다.

———

◇ 브라이언 트레이시

Question 53

내가 한 선물 중
가장 기억에 남는 건 뭐였어요?

○

A.

모든 관계 중에서도 특히 결혼은,
서로에 대한 존중에서 기반해야 한다.

———

◇ 에이미 그랜트

Question 54

아빠는 내가 결혼했으면 좋겠나요?
결혼하게 된다면 미래의 배우자는
어떤 사람이면 좋겠어요?

○

A.

당신이 하는 일은 어떻게든 세상에 흔적을 남긴다.
그게 어떤 흔적일지는 당신의 몫이다.

───

◇ 제인 구달

Question 55

내가 어떤 사람이
되면 좋겠어요?

○

A.

우리에게 있어 가족이란 서로 팔짱을 끼고
함께 있어 주는 존재다.

———

◇ 바버라 부시

Question 56

앞으로 나랑
하고 싶은 게 있다면 뭐예요?

◯

A.

자녀에게 물려줄 가장 귀한 유산은 재산이 아니라,
경외하는 마음가짐이다.

———

◇ 플라톤

Question 57

나한테 꼭 해 주고 싶은
조언이 있다면 뭐예요?

○

A.

부모는 그대에게 삶을 주고도
이제 당신의 삶까지 주려고 한다.

―――

◇ 척 팔라닉

Question 58

나한테 해 주지 못해
미안한 게 있나요?

○

A.

아빠의 부모님 이야기

아빠도 아빠, 엄마가 그리울 때가 있다

5

어머니의 눈을 들여다보면,
세상에서 가장 순수한 사랑이 거기 있다는 걸 느낄 수 있다.

———

◇ 미치 앨봄

Question 59

할머니는 어떤 분이셨어요?

○

A.

어머니의 흔들림 없는 사랑을 받고 자란 사람은,
삶 전체를 자신감과 성공에 대한 믿음 속에서 살아간다.

————

◇ 지그문트 프로이트

Question 60

아빠는 할머니의
어떤 면을 닮았어요?

○

A.

아버지 한 사람이
백 명의 스승보다 더 깊은 가르침을 준다.

———

◇ 조지 허버트

Question 61

할아버지는 어떤 분이셨어요?

○

A.

나이 들수록 깨닫는다.
아버지는 생각보다 훨씬 현명한 분이었다는 걸.

———

◇팀 러셋

아빠는 할아버지의
어떤 면을 닮았어요?

○

A.

키스해 주는 어머니도 있고
꾸중하는 어머니도 있지만
사랑하기는 마찬가지다.

———

◇ 펄 벅

Question 63

아빠도 부모님께 혼난 적이 있나요?
혼난 이유는 뭐예요?

◯

A.

얼마나 많이 주느냐보다
얼마나 많은 사랑을 담느냐가 중요하다.

———

◇ 마더 테레사

Question 64

부모님께 받은 선물 중
가장 기억에 남는 것은 뭐예요?

◯

A.

부모의 말은 자녀의 마음속에 오래도록 머문다.

————

◇ 작자 미상

Question 65

부모님께 들은 조언 중
가장 기억에 남는 것은 뭐예요?

○

A.

나무가 고요하고자 하니 바람이 멈추지 않고
자식이 효도하고자 하니 어버이가 기다리지 않는다.

———

◇ 한영

Question 66

부모님이 가장 그리운 순간은 언제예요?

◯

A.

세상을 바꾸고 싶다면,
먼저 집으로 돌아가 가족을 사랑하라.

———

◇ 마더 테레사

Question 67

부모님이 해 주신 음식 중
가장 맛있었던 것은 뭐예요?

○

A.

세상에서 무엇보다 소중한 건,

가족과 사랑이다.

———

◇ 존 우든

Question 68

부모님과 싸운 적이 있어요?
싸운 이유는 뭐예요?

○

A.

'부모'는 세상에서 가장 위대한 이름 중 하나이고,
'엄마' '아빠'라고 부를 수 있는 부모가 있다는 건
인생에서 가장 큰 축복 중 하나다.

———

◇ 짐 드민트

Question 69

부모님께 하고 싶었지만
못한 말이 있나요?

◯

A.

아빠의 일상 이야기

소소하지만 확실한 행복으로 가득한 날들

6

일생에 한 번 있을까 말까 한 큰 행운보다는,
날마다 일어나는 소소한 기쁨에서
더 많은 행복을 찾을 수 있다.

———

◇ 벤저민 프랭클린

Question 70

아빠 인생에서
가장 행복했던 순간은 언제예요?

○

A.

성공은 내가 바란 것을 손에 넣는 것이고,
행복은 그 손에 쥔 것을 진심으로 좋아하는 것이다.

———

◇ H. 잭슨 브라운 주니어

Question 71

아빠가 생각하는
'성공한 인생'은 어떤 거예요?

○

A.

우리는 과거에서 배우고, 현재를 활용하며,
그 현재를 바탕으로 더 나은 미래를 살아가야 한다.

———

◇ 윌리엄 워즈워스

Question 72

과거로 돌아갈 수 있다면,
어느 순간을 선택하고 싶어요?
가장 먼저 하고 싶은 일이 뭐예요?

○

A.

희망이 중요한 이유는,
현재의 고통을 견디게 해 주기 때문이다.
내일이 더 나을 거라 믿는다면,
오늘의 시련도 이겨 낼 수 있다.

———

◇ 틱낫한

Question 73

아빠 인생에서
가장 힘들었던 때는 언제예요?
어떻게 그 시절을 이겨냈나요?

○

A.

가족은 어제를 떠올리게 하고,

오늘을 버티게 하며,

내일을 꿈꾸게 한다.

———

◇ 빌 오언스

Question 74

인생에서 딱 한 장면만
액자로 담을 수 있다면,
그 순간은 언제인가요?

○

A.

진짜 강한 사람은, 누구의 도움 없이도
혼자 서 있을 수 있는 사람이다.

————

◇ 헨리크 입센

Question 75

아빠도 외롭다고 느낄 때가 있나요?
어떨 때 그런 느낌을 받아요?

○

A.

나는 인기보다 존중이
훨씬 더 크고 본질적인 가치라고 믿는다.

─────

◇ 줄리어스 어빙

Question 76

아빠도 존경하는 사람이 있나요?
그 사람의 어떤 점을 존경해요?

○

A.

후회를 외면하지 말고 최대한 활용하라.
깊은 후회는 삶을 다시 시작하는 또 다른 방식이다.

———

◇ 헨리 데이비드 소로우

Question 77

인생에서
후회하는 선택이 있나요?

○

A.

인생을 다시 살 수 있다면,
그땐 더 과감히 실수하며 살아 보리라.

———

◇ 나딘 스테어

다시 태어난다면
어떤 삶을 살고 싶어요?

◯

A.

인생의 가치는 그 길이에 있는 것이 아니라,
우리가 그 시간을 어떻게 살아 내느냐에 달려 있다.

———

◇ 미셸 드 몽테뉴

Question 79

아빠의 하루 일과는
어떻게 흘러가나요?

○

A.

세상에서 가장 소중하고 아름다운 것은
눈으로 볼 수도, 손으로 만질 수도 없다.
그것은 오직 마음으로만 느낄 수 있다.

――――

◇ 헬렌 켈러

Question 80

아빠의 가장 소중한 물건은 뭔가요?

◯

A.

음식에 대한 사랑만큼 진실한 사랑은 없다.

———

◇ 조지 버나드 쇼

Question 81

가장 좋아하는 음식과
싫어하는 음식은 뭐예요?

○

A.

아이의 인생에서 아빠의 힘은
타의 추종을 불허한다.

———

◇ 저스틴 리클프

Question 82

아빠, 행복하세요?

○

A.

겨울이 잠이고, 봄이 탄생이며,
여름이 삶이라면, 가을은 숙고의 시간이다.

———

◇ 미쉘 버지스

Question 83

가장 좋아하는 계절과
그 이유는 뭐예요?

○

A.

집이 얼마나 큰지는 중요하지 않다.
그 안에 사랑이 있는지가 중요하다.

———

◇ 피터 버핏

Question 84

가족들에게 바라는 것이 있어요?

○

A.

좋은 책을 읽는 것은, 마치 지난 세기의
가장 훌륭한 사람들과 대화하는 것과 같다.

———

◇ 르네 데카르트

Question 85

가장 좋아하는 영화나 책이 있어요?
왜 그 영화/책을 좋아해요?

○

A.

말로는 다 표현할 수 없을 때,
음악이 그 모든 것을 대신한다.

———

◇ 한스 크리스티안 안데르센

Question 86

요즘 가장
즐겨 부르는 노래는 뭐예요?

○

A.

인생에서 성공하는 비결 중 하나는
좋아하는 음식을 마음껏 즐기고,
그 결과는 자연스럽게 받아들이는 것이다.

―――

◇ 마크 트웨인

Question 87

아빠의 가장 자신 있는 음식은 뭐예요?
비법 레시피는 어떻게 되나요?

○

A.

건강보다 나은 재산은 없다.

⸻

◇ 영국 속담

Question 88

아빠, 요즘 컨디션은 어때요?
어디 불편한 데는 없어요?

○

A.

인생이 우리에게 줄 수 있는 최고의 상은
가치 있는 일에 최선을 다할 기회다.

―――

◇ 시어도어 루스벨트

Question 89

요즘 가장
보람을 느끼는 순간은 언제예요?

○

A.

좋은 취미를 가지면 삶이 즐겁지만,
나쁜 취미를 가지면 늘 불행의 불씨를 안고 살게 된다.

———

◇ 작자 미상

Question 90

요즘 푹 빠진 취미는 뭐예요?

◯

A.

해결될 문제라면 걱정할 필요가 없고,
해결이 안 될 문제라면 걱정해도 소용없다.

———

◇ 티베트 속담

Question 91

아빠, 요즘 뭐가 가장 고민이에요?

◯

A.

행운은 준비된 자에게 미소 짓는다.

———

◇ 루이 파스퇴르

Question 92

로또 1등에 당첨된다면,
제일 먼저 하고 싶은 게 뭐예요?

◯

A.

아빠의 다음 이야기

나를 위해 살아갈 날들

사십은 청춘의 노년,
오십은 노년기의 청춘이다.

————

◇ 빅토르 위고

Question 93

아빠는 어떻게 나이 들고 싶어요?

○

A.

여행은 언제나 돈의 문제라기보다,

용기의 문제다.

────

◇ 파울로 코엘료

Question 94

공짜로 1년간 해외에서 살 수 있다면,
어느 나라/도시에서 살고 싶어요?
가서 제일 하고 싶은 게 뭐예요?

○

A.

나이 드는 것에 집착하지 말고,
성숙해지는 것에 집중하라.

———

◇ 필립 로스

Question 95

할아버지가 되어서도
꾸준히 하고 싶은 것이 있나요?

○

A.

아버지는 특별한 무언가를 하신 게 아니다.
언제나 거기, 내 곁에 계셨다는 것만으로도 충분했다.

———

◇ 맥스 루케이도

Question 96

아빠, 다시 태어나도
내 아빠가 되어 주실래요?

○

A.

자신의 삶을 즐겼다면

그는 인생의 실패자가 아니다.

———

◇ 윌리엄 페더

Question 97

아빠가 살아온 인생을
점수로 표현한다면,
몇 점을 주고 싶나요?

○

A.

남은 삶은 선물이다.

———

◇ 리오 바바우타

Question 98

오늘이 아빠 인생의 마지막 날이라면,
아빠는 누구와 어떤 시간을 보내고 싶나요?

○

A.

아이들에게 남겨 줄 최고의 유산은
행복한 추억이다.

———

◇ 오그 만디노

Question 99

나에게 물려주고 싶은
가장 소중한 물건은 뭐예요?

○

A.

가족과 함께하는 시간이 없다면,
당신의 우선순위를 다시 생각해 봐야 한다.

———

◇ 데이브 윌리스

Question 100

가족들에게 꼭 남기고 싶은
마지막 한마디가 있다면,
어떤 말을 전하고 싶어요?

○

A.

우리만의 질문

100개의 질문엔 담기지 않은 이야기

Question 101

○

A.

Question 102

○

A.

Question 103

○

A.

○

A.

Question 105

○

A.

사랑하는 _____에게